元気をくれる、身体にやさしい　汁物とごはん

一汁一飯　韓定食

キム・ナレ

JN206577

はじめに

私たちは毎日、ごはんを食べることが欠かせません。
食べるために仕事をし、食べるために生きている。
そう考えると、食べるという行為はまさに生きることそのものです。
最近、家でごはんを作らない人が増えているとよく耳にしますが、
だからこそ家で食べるごはんは素朴で簡単であるべきだと思います。
汁物とごはんさえあれば、私たちの食卓は十分です。
ときにはおかずで味に変化をつけながら、
心を満たす時間を楽しむことができるのです。

ごはんを作るひとときは、
忙しい日々の刺激から自分を癒す大切な時間。
何が食べたいか、自分の心と触れ合う瞬間です。
素直に問いかけ、答えることがとても大切だと思います。

汁物は旬の食材や身近な材料を使って、
短時間で作ることも、手間をかけてじっくり作ることができる
感謝の気持ちが詰まった料理です。
温かい汁物は、栄養のバランスが取れた素晴らしい一品であり、
冷えた身体を温め、疲れた心をやさしく癒してくれる心強い存在。

汁物は世界中で親しまれていますが、
韓国人ほど汁物を愛する国民は珍しいかもしれません。
例えば、韓国では誕生日にわかめの汁物を飲みます。
お産をした母が飲むことで身体の回復を早めてくれます。
わかめの汁物は母への感謝の気持ちを新たにし、
その日の思い出がふんわり蘇る、心温まる一品です。

誕生日のわかめの汁物、お正月のトック、お盆の里芋の汁物など、
韓国の汁物にはそれぞれの物語が詰まっています。
私たちの食卓を彩る汁物は、単なる料理ではなく、
心をつなぐ大切な存在なのです。

この本を通じて、韓国の汁物とごはんの魅力が皆さんに届き、
食卓に温かい思い出が増えることを心から願っています。
食べることは、栄養補給だけではなく、
大切な人との絆を深める大事な時間。
家族や友人とともに、心を込めて作った料理を囲み、
笑顔の瞬間をもっと増やしていきましょう。
新たな発見と喜びが、皆さんの食生活に溢れますように。

キム・ナレ

目 次 | CONTENTS

はじめに 02

韓国の汁物を美味しく作るコツ 06
韓国の汁物の食べ方 06
韓国のごはん 07

韓国の汁物で使われる基本のだし

・昆布だし 08
・米の研ぎ汁 08
・煮干しだし 08

汁物とごはんのおともに
ミッパンチャン（常備菜）

・茄子の和え物 12
・煮干しの煮物 12
・ピーナッツの佃煮 12
・海苔の和え物 13
・わかめの炒め物 13
・玉ねぎの醤油漬け 13
・にんにくの芽の和え物 13
・コッチョリ 14

汁物とごはんの味変に
2種のジャン

・ヤンニョムジャン 15
・大豆のサムジャン 15

◇ 日々の汁物

キムチチゲ／五穀米ごはん 16

チョングクチャン（納豆汁） 18

テンジャンチゲ／黒豆ごはん 20

さつま揚げの汁物／豆腐ごはん 22

たらこチゲ／大根ごはん 24

赤いスンドゥブチゲ 28

白いスンドゥブチゲ 29

じゃがいもとツナのチゲ／麦ごはん 30

◇ 身体を温める汁物

おからチゲ／えごまの葉のサムパ 32

牡蠣と大根の汁物 34

チャンポン 36

マンドゥグク（水餃子の汁物） 39

カムジャオンシミ（じゃがいも団子の汁） 40

温飯 42

◎ 身体の熱を取る汁物

夏野菜の汁物／豆もやしごはん　46

茄子の冷や汁／小豆ごはん　50

トマトの冷や汁　50

わかめときゅうりの冷や汁

　　　／チュンムキンパ　52

鶏肉と胡麻の冷や汁

　　　／さつまいもごはん　54

どんぐりムックの冷や汁／茄子ごはん　56

カムジャコンク（じゃがいもの豆汁）　58

ムルフェ（刺身の汁物）　60

◎ 身体を整える汁物

牛肉と大根の汁物／栄養ごはん　66

えごま粉と里芋の汁／コンドゥレごはん　68

シレギ汁／ビビンパ　70

干し鱈の汁物／にらのジョンビョン　72

あさり汁／キャベツの葉のサムパ　74

しじみとにらの汁物　77

白子とたらこの汁物／鮑ごはん　78

あおさと牡蠣の汁物　80

よもぎの肉団子汁／うなぎごはん　82

自家製コムタン（牛骨スープ）　86

スンデの汁物　87

◎ みんなで囲む汁物（鍋）

タットリタン　90

ナッコプセ（手長だことホルモンと海老のチゲ）　92

チェンバン（牛肉鍋）　94

◎ 特別な日の汁物

わかめの汁物　44

参鶏湯　64

トック（餅の汁物）　88

〈料理を作る前に〉

・小さじ1は5mℓ、大さじ1は15mℓです。

・ごく少量の調味料の分量は「少々」としています。
　「少々」は親指と人差し指でつまんだ分量になり
　ます。

・「適量」はちょうどよい分量、「適宜」は好みで
　加えてください。

・野菜類は特に指定のない場合は、洗う、むくなど
　の作業を済ませてからの手順を説明しています。

・本書でよく使うだしはp.08を参照してください。

・本書で紹介するごはんは鍋を使用していますが、
　炊飯器を使用する場合は下準備後、普通モード
　で炊いてください。

◇ 韓国の汁物を美味しく作るコツ

「具材に下味をつける」

具材に下味をつける理由は、直接汁に味をつけるだけでは具材に十分に味が染み込みにくいためです。先に下味をほどこすことで、具材と汁がバランスよく味を吸収し合い、調味料の香りもまろやかになります。この工程で、より深い味わいが楽しめる料理に仕上がります。

「煮る前に炒める」

煮る前に具材を先に炒めることは、火の通りをよくし、食材の旨みを引き出すために重要です。炒めることで風味が増し、そのあとじっくりと煮込むことで、汁が乳化し、よりコクのある味わいに仕上がります。この工程を経ることで、料理全体の深みが増し、一層美味しくなります。

◇ 韓国の汁物の食べ方

「汁とごはんを混ぜて食べる」

韓国では具材の少ない汁物を「クッ」と呼びます。日本ではごはんにお味噌汁をかけて「猫まんま」といいますが、韓国では少し意味合いが違います。ごはんにクッを少しずつ分けてかけ、具材を潰しながらごはんと混ぜて食べるのが一般的です。

◇ 韓国のごはん

「白ごはんよりも、炊き込みごはんが多い」

韓国では「食べることで体調を整える」という信念が根づいており、白米よりも雑穀や豆、さまざまな具材を使った炊き込みごはんが好まれています。これによって季節や体調に応じた栄養をしっかり摂ることができ、特に食欲がないときは炊き込みごはんとヤンニョムジャン〈p.15〉が活躍します。風味豊かなヤンニョムジャンが食欲を取り戻し、栄養満点の炊き込みごはんが身体を支えてくれます。

「食堂でも家庭でもよく食べられる五穀米ごはん」

韓国に旅行に行った方なら食べたことがあったり、見たこともあるはずの韓国の五穀米ごはん。雑穀、黒豆、小豆、麦などと一緒に炊き込んだきれいな紫色のごはん。ちなみに韓国では朝、1日分のごはんを炊くのが一般的。麺料理などもありますが、基本は3食ごはんの韓国。女性でもおかわりするほど、ごはんが大好きな人が多いです。

雑穀 / 黒豆 / 小豆 / 麦

韓国の汁物で使われる基本のだし

韓国でよく使うだしを紹介します。下記のもの以外でも、
干し海老、干ししいたけ、サッパなど、いろんなだしを組み合わせることも。
日本では米の研ぎ汁は捨ててしまいますが、韓国では臭みが取れ、甘みが出るとされています。
韓国の女性が高齢でも肌がきれいなのは、米の研ぎ汁で洗顔をするからとも。

昆布だし

材料（作りやすい分量）

昆布　4g（10cm長さ）
水　500㎖

取り方

1 昆布は表面をさっと濡れたフキンでふいて汚れを取る。
2 清潔な保存瓶に入れ、分量の水を加える。冷蔵庫に入れてひと晩置く。冷蔵庫で3～4日保存可能。

米の研ぎ汁

材料（作りやすい分量）

米　適量
水　適量

取り方

1 米はたっぷりの水でさっと混ぜ、水を捨てる。水を加えて研ぎ、研ぎ汁はボウルに入れる。
2 同様に何回か繰り返し、研ぎ汁を必要な分ボウルに溜める。

煮干しだし

材料（作りやすい分量）

煮干し　20g（正味）
昆布　2g（5cm長さ）
みりん　大さじ1/2
水　600㎖

取り方

1 煮干しは頭を取り（A）、腹ワタを取って半分に割く（B/C）。頭は2番だしとして使い、腹ワタは捨てる。昆布は表面をさっと濡れたフキンでふいて汚れを取る。
2 鍋に煮干しを入れて中弱火（弱火と中火の中間）で炒る。
3 生っぽい匂いから香ばしい香りに変わったら、昆布と分量の水を加えて沸くまで中火にかける。
4 アクを取り、みりんを加えて蓋をして弱火で15分ほど煮る。火を止めて常温になるまでそのまま冷まし、ザルで漉す。冷めたら清潔な保存瓶に入れる。冷蔵庫で3～4日保存可能。

昆布だし　　米の研ぎ汁　　煮干しだし

汁物とごはんのおともに
ミッパンチャン（常備菜）
>> p.12 – 13

汁物とごはんのおともに
ミッパンチャン（常備菜）

韓国では小さなおかず、常備菜がごはんのときにたくさん出てきます。
海苔の和え物や玉ねぎの醤油漬けはうちの息子も大好き。
海苔の和え物やわかめの炒め物はビビンパの具にしても美味しいです。

茄子の和え物

材料（作りやすい分量）

茄子　4〜5本（500g）
わけぎの輪切り　大さじ2
塩　小さじ1
米油　大さじ2
A
　韓国唐辛子粉　小さじ1/2
　醤油　大さじ2
　おろしにんにく　少々
　胡麻油　大さじ1

作り方

1　オーブンを180℃に予熱する。
2　茄子はヘタを切り落とし、縦半分に切って1cm幅の斜め輪切りにする。塩をふって軽く塩もみにし、ペーパータオルで水気をふく。ボウルに入れ、米油で和える。
3　オーブンシートを敷いた天板に2の茄子を並べ、温めたオーブンに入れて12分ほど焼く。
4　ザルやバットなどに広げて粗熱を取る。水気があるようならしっかり絞る。
5　ボウルにわけぎとAを入れて混ぜ、茄子を加えてよく和える。清潔な保存容器に入れ、冷蔵庫で4〜5日保存可能。

煮干しの煮物

材料（作りやすい分量）

煮干し　30g
青唐辛子　1本
おろしにんにく　少々
薄口醤油　大さじ2/3
魚醤　大さじ1/2
アガベシロップ（または水あめ、料理糖）　大さじ1/2
水　100ml
えごま油　大さじ1

作り方

1　煮干しは頭を取り、腹ワタを取って半分に割る。青唐辛子は縦半分に切り、粗みじん切りにする。
2　フライパンに煮干しを入れて中弱火（弱火と中火の中間）で炒る。生っぽい匂いから香ばしい香りに変わったら、火から下ろしてえごま油以外の材料をすべて加えて3分ほど煮る。
3　水気が少し残ってるうちに火を止め、えごま油を加えて混ぜる。清潔な保存容器に入れ、冷蔵庫で4〜5日保存可能。

ピーナッツの佃煮

材料（作りやすい分量）

ピーナッツ（素焼きした乾燥ピーナッツ）　100g
水　100ml
醤油　大さじ4
きび砂糖　大さじ2
アガベシロップ（または水あめ、料理糖）　大さじ1

作り方

1　鍋にすべての材料を入れて混ぜ、中弱火（弱火と中火の中間）にかける。
2　煮立ったらアクを取り、弱火にして鍋底が見えてくるまで煮詰める。清潔な保存容器に入れ、冷蔵庫で1週間保存可能。

海苔の和え物

材料（作りやすい分量）

焼き海苔（2つ切り）　6〜7枚
胡麻油　大さじ1/2
おろしにんにく　少々
炒り胡麻（白）　大さじ1
A
　きび砂糖　大さじ1
　醤油　大さじ2
　酒　大さじ2
　水　大さじ5

作り方

1　鍋にAを入れて中弱火（弱火と中火の中間）にかける。沸いたら弱火にして10分ほど煮る。
2　海苔は両面をさっと弱火で炙って小さくちぎる。
3　ボウルに2の海苔を入れて1を少しずつ加えながら混ぜる。全体にしっとりしてきたら胡麻油、にんにく、炒り胡麻を加えて和える。清潔な保存容器に入れ、冷蔵庫で1週間保存可能。

わかめの炒め物

材料（作りやすい分量）

茎わかめ（塩蔵）＊　150g
玉ねぎ　1/4個
おろしにんにく　小さじ1/2
薄口醤油　大さじ1/2
胡麻油　大さじ1
米油　大さじ1
塩　適量

＊乾燥わかめを使っても。その際は水で戻したものを150g用意する。

作り方

1　茎わかめは水で洗い、しっかり塩を落とす。きれいな水を溜めて茎わかめを入れて10〜15分塩抜きする。味を見て、しょっぱくなければ水気を絞り、5cm幅に切る。
2　玉ねぎは1cm幅のくし形切りにする。
3　フライパンに米油を引き、中弱火（弱火と中火の中間）でにんにくを炒める。
4　香りが立ってきたら玉ねぎを加える。1分ほど炒め、1の茎わかめを加えてさらに炒める。2分ほど炒めて玉ねぎがしんなりしたら薄口醤油を加える。味を見て、塩で味を調える。火を止めて胡麻油を回しかける。清潔な保存容器に入れ、冷蔵庫で4〜5日保存可能。

玉ねぎの醤油漬け

材料（作りやすい分量）

玉ねぎ　1個
A
　きび砂糖　大さじ4
　醤油　50ml
　米酢　100ml
　水　150ml

作り方

1　玉ねぎは小さめのひと口大に切り、1枚ずつはがして清潔な保存容器に入れる。
2　鍋にAを入れて火にかけ、沸いたら火を止めて1に注ぐ。そのまま常温で冷まし、ラップをぴったり被せて蓋をして冷蔵庫でひと晩置く。冷蔵庫で2〜3週間保存可能（玉ねぎが漬け汁にしっかり浸っている状態を保つ）。

にんにくの芽の和え物

材料（作りやすい分量）

にんにくの芽　150g
A
　コチュジャン　大さじ1
　梅シロップ　大さじ1/2
　アガベシロップ（または水あめ、料理糖）　大さじ1/2
　韓国唐辛子粉　大さじ1/2
　おろしにんにく　少々
　醤油　大さじ1
　胡麻油　少々
　炒り胡麻（白）　適量

作り方

1　にんにくの芽は4〜5cm幅に切り、熱湯に入れて1分ほど下茹でする。ザルに上げてそのまま冷ます。
2　ボウルにAを入れて混ぜ、水気をきったにんにくの芽を加えてよく和える。清潔な保存容器に入れ、冷蔵庫で4〜5日保存可能。

汁物とごはんのおともにミッパンチャン（常備菜）

作り立てがいちばん美味しい即席キムチです。
塩もみしないので瑞々しく、手でちぎるのが美味しく作るコツ。

コッチョリ

材料（作りやすい分量）

白菜　300g
韓国唐辛子粉　大さじ3
A
　アガベシロップ（または水あめ、
　料理糖）　大さじ1と1/2
　魚醤　大さじ1
　おろしにんにく　少々

作り方

1　白菜は食べやすい大きさにちぎり、さっと洗う。
2　1の白菜を水気をよくきってボウルに入れ、韓国唐辛子粉をまぶして和える。全体に色が赤く染まったら、Aを加えて和える。

汁物とごはんの味変に2種のジャン

この2つのジャンは、ごはんがどんどん進む一品。
春になればヤンニョムジャンに、ナズナやノビルなどの山菜を加えることも。
サムジャンは私のオリジナルで、大豆とピーナッツの食感を生かしています。

ヤンニョムジャン

材料（作りやすい分量）

小ねぎ　5本
醤油　大さじ2
アガベシロップ（または水あめ、料理糖）
　大さじ1
胡麻油　大さじ1
韓国唐辛子粉　小さじ1/2
炒り胡麻（白）　大さじ1
黒胡椒　少々

作り方

1　小ねぎは小口切りにする。
2　すべての材料を清潔な保存容器に入れて混ぜる。冷蔵庫で1週間保存可能。

大豆のサムジャン

材料（作りやすい分量）

大豆（乾燥）　30g
ピーナッツ（素焼きした乾燥ピーナッツ）　10g
かぼちゃの種　10g
A
　韓国味噌　大さじ2
　みりん　大さじ2
　アガベシロップ（または水あめ、料理糖）　大さじ1/2
　コチュジャン　小さじ1/2
　水　大さじ2

下準備

・大豆は洗い、6時間以上水で戻しておく。

作り方

1　水で戻した大豆の薄皮を取り除く。鍋に大豆と大豆が浸る程度の水を入れて沸かし、アクを取る。蓋をして弱火で10分ほど茹でる。
2　ピーナッツはすり鉢などに入れてすりこぎで粗く砕く。
3　大豆が茹で上がったらザルに上げて水気をきり、そのまま冷ます。
4　小鍋にすべての材料を入れて弱火にかけ、汁気が少なくなるまで10〜15分煮詰める。冷蔵庫で1週間保存可能。

日々の汁物

韓国の家庭でよく作る、日常的な汁物を紹介しています。
汁物とごはんは韓国の基本のごはんのスタイル。
あとはミッパンチャンがあれば、心もお腹も満たされる定食になります。

A

キムチチゲ 김치찌개

ツナ缶がだし代わりになります。鯖缶を使うことも。
豆腐は木綿、絹、両方使いますが、唐辛子粉を使った赤い汁物には
木綿豆腐を使うことが多いです。また韓国の木綿豆腐は沖縄の島豆腐のように
食感がしっかりしているので、水きりするとさらに味が濃くなります。

B

材料（2人分）

ツナ缶（オイル漬け）　1缶（70g）
木綿豆腐　1/2丁（150g）
白菜キムチ（市販品。発酵の進んだ
酸っぱいもの）150g
煮干しだし〈p.08〉　450㎖
韓国唐辛子粉　大さじ1/2
薄口醤油　大さじ1

作り方

1 鍋にツナをオイルごと入れ、白菜キムチを加えて中弱火（弱火と中火の中間）で5分ほど炒める（A）。
2 煮干しだしを加え、沸いたら蓋をして弱火で10分ほどゆっくり煮る。
3 韓国唐辛子粉と薄口醤油を加えて混ぜ、食べやすい大きさに切った木綿豆腐を加えてさらに5分ほど煮る（B）。

韓国食材

白菜キムチ
200種類以上あるとされる韓国のキムチ。そのなかでもいちばん食べられているのが、白菜キムチ。日本のものよりも甘みが少なく、発酵が進んで酸味のあるキムチも売られています。私のおすすめは韓国農協の白菜キムチです。

五穀米ごはん 오곡밥

黒の食材は身体によいとされている韓国。
米に黒豆や雑穀を一緒に炊き込んだ五穀米ごはんは定食屋でもよく食べられます。
モチモチ、むっちりしたごはんには栄養もたくさん入っています。

材料（作りやすい分量）

黒豆　大さじ2（30g）
雑穀　大さじ2（30g）
米　360㎖
水　390㎖

作り方

1 鍋に下茹でした黒豆、雑穀、米、水を入れて強火にかけ、沸騰したら蓋をして弱火で11分ほど炊いて火を止める。
2 15分ほど蒸らしてよくかき混ぜる。

下準備

・黒豆は洗い、たっぷりの水でひと晩戻して10分ほど下茹でする。
・雑穀と米は研ぎ、雑穀は1時間、米は10分ほど水に浸し、ザルに上げて20分置く。

韓国唐辛子粉
唐辛子粉は細挽き、中挽き、または粗挽きの3種が売られています。細挽きはサラッとして色をよくしたい料理に使います。家庭で使うなら中挽きがおすすめです。たれなどに使うと、中挽きの唐辛子が水分を吸い、ほどよいとろみがつきます。

チョングクチャン（納豆汁）　청국장찌개

納豆の香りが強い韓国ならではの汁物です。
味をまろやかにする米の研ぎ汁を使うのも特徴です。

材料（2人分）

豚挽き肉　75g
大根　3cm（50g）
わけぎ　1本
白菜キムチ（市販品。発酵の進んだ酸っぱいもの）　80g
木綿豆腐　1/2丁（150g）
米の研ぎ汁〈p.08〉　200㎖
煮干しだし〈p.08〉　200㎖
チョングクチャン（韓国納豆）　大さじ4
テンジャン（韓国味噌）　大さじ1
韓国唐辛子粉　大さじ1/2
薄口醤油　小さじ1
米油　大さじ1
‥‥‥‥‥‥
白ごはん　適量

作り方

1　大根は縦4等分にして5mm幅に、わけぎは3cm幅に切り、白菜キムチは食べやすい大きさに切る。木綿豆腐は2cm角に切り、ザルに上げて水気をきる。

2　鍋を中火にかけ、鍋に米油引いて挽き肉を中火で炒める。豚肉の色が変わったら白菜キムチを加え、透き通ってきたら米の研ぎ汁（A）と煮干しだし、大根、チョングクチャンを加え、蓋をして中弱火（弱火と中火の中間）で10分ほど煮る。

3　テンジャン、薄口醤油、豆腐を加えてさらに1～2分煮たら火を止め、わけぎと韓国唐辛子粉を加える。

韓国食材

チョングクチャン（韓国納豆）
チョングクチャンは大豆を発酵させて作る韓国の味噌の一種。納豆に似た独特の香りが特徴です。日本の韓国スーパーでも手軽に手に入ります。

メジュ／テンジャン（韓国味噌）
写真上はメジュという、テンジャンのもとになるもの。茹でた大豆を潰し、発酵させて乾燥させたもの。ちなみに祖母の手作りです。メジュを乾燥させずに発酵させると、チョングクチャンに。20～25％の塩水で6～7か月発酵させて下に沈んだものがテンジャンになり、上澄みは韓国醤油になります。

日々の汁物

テンジャンチゲ 된장찌개

キムチチゲ、チョングクチャン、テンジャンチゲは韓国の三大汁物。
そして「きれいな妻、うさぎみたいな子ども、テンジャンチゲ」は、
韓国男性の早く結婚したいという願望の言葉を意味しています。

材料（2人分）

椎茸　2個
韓国かぼちゃ　1/2本（130g）
（またはズッキーニ）
玉ねぎ　1/2個（120g）
木綿豆腐　1/2丁（150g）
煮干しだし〈p.08〉　650㎖
テンジャン（韓国味噌）　大さじ2
胡麻油　適宜
....
わかめの炒め物〈p.13〉　適宜
にんにくの芽の和え物〈p.13〉　適宜

作り方

1　椎茸は石づきを切り落として5㎜幅に切り、韓国かぼちゃ、玉ねぎ、木綿豆腐は2㎝の角切りにする。
2　鍋に煮干しだしを入れて沸かし、テンジャンを加えてよく溶き混ぜる。椎茸、かぼちゃ、玉ねぎを加えて3～4分したら火を止め、豆腐を加える。好みで仕上げに胡麻油をかけても。

黒豆ごはん 콩밥

韓国は穀物をたくさん食べる国です。たくさん採れる時季に
乾燥させて保存して一年中食す、祖先の知恵が今も受け継がれています。

材料（作りやすい分量）

黒豆　大さじ2（30g）
米　360㎖
黒豆の茹で汁　390㎖

下準備

・黒豆はきれいに洗い、たっぷりの水でひと晩戻して10分ほど下茹でする。
・黒豆の茹で汁は取り置き、冷ましておく。
・米は研いで10分ほど水に浸し、ザルに上げて20分置く。

作り方

1　鍋に米、黒豆、茹で汁を入れて強火にかけ、沸騰したら蓋をして弱火で11分ほど炊いて火を止める。
2　15分ほど蒸らしてよくかき混ぜる。

韓国食材

韓国かぼちゃ
最近は少し値段が高くなりましたが、韓国スーパーで買うことができる韓国かぼちゃ。代用品でいちばん近いのはズッキーニですが、食感がやや違います。なければじゃがいもを使ってもよいかと思います。

日々の汁物

さつま揚げの汁物　어묵탕

さつま揚げと大根で作る、本当に気軽に作る汁物です。
韓国さつま揚げがなければ、日本のさつま揚げやちくわを使っても。

材料（2人分）

韓国さつま揚げ　2枚（80〜90g）
大根　4cm（60g）
玉ねぎ　1/2個（120g）
煮干しだし〈p.08〉　600㎖
薄口醤油　大さじ1
塩　適量
黒胡椒　適宜

作り方

1　大根は縦3等分にして5mm幅に切り、玉ねぎは8等分のくし形切りにする。韓国さつま揚げは16等分に切る。
2　鍋に煮干しだしを入れて沸かし、大根を入れて蓋をして弱火で10分ほど煮る。
3　玉ねぎを加えてさらに1分ほど煮たら、さつま揚げを加える。薄口醤油を加え、味を見て、塩で味を調える。好みで黒胡椒を加えても。

A

豆腐ごはん　두부밥

豆腐の食感がしっかり残るごはんです。
さつま揚げの汁物と豆腐ごはん、
そんな素朴な献立が私の好みです。

材料（作りやすい分量）

木綿豆腐　2/3丁（200g）
米　360㎖
水　390㎖
‥‥‥‥‥‥
ヤンニョムジャン〈p.15〉　適宜
胡麻油　適宜
塩　適宜

作り方

1　水気をきった木綿豆腐はさらしなどの布にのせ、汁気をしっかり絞る。
2　鍋に米、水気を絞った豆腐、水を入れて強火にかけ（A）、沸騰したら蓋をして弱火で11分ほど炊いて火を止める。
3　10分ほど蒸らし（B）、よくかき混ぜる。
4　好みでヤンニョムジャンや胡麻油、塩をかけてよく和えて食べる。

下準備
・木綿豆腐は重石をして2時間〜ひと晩、冷蔵庫の中で水気をきる。
・米は研いで10分ほど水に浸し、ザルに上げて20分置く。

B

韓国食材

韓国さつま揚げ

日本のさつま揚げと違い、薄くて油揚げのような見た目をしています。有名なのは串に蛇腹状に刺したおでん、オムク。韓国のものは味が濃く、薄いので喉越しがよいように思います。

日々の汁物

たらこチゲ 맑은 알탕

日本よりも安く手に入るたらこは、釜山（プサン）の名物です。
辛子明太子、たらこ、両方とも食べられますが、韓国では胡麻油で和えたり、
汁物の具として使うことが多いです。プチプチした食感が美味しいです。

材料（2人分）

たらこ（生。または塩漬けのもの）
2腹（50～60g）
木綿豆腐　1/3丁（100g）
韓国かぼちゃ　1/4本（70g）
わけぎ　1本
煮干しだし〈p.08〉　600㎖
胡麻油　少々

作り方

1　木綿豆腐と韓国かぼちゃは2cmの角切りにし、わけぎは1cm幅の斜め切りにする。たらこは4等分に切る。
2　鍋に煮干しだし、かぼちゃ、たらこを入れて火にかけ、ひと煮立ちしたら豆腐を加える。
3　再度沸いたらわけぎを加え、仕上げに胡麻油をかける。

大根ごはん 무밥

少し大きめに切った大根を炊き込みましたが、
韓国では、せん切りにすることが多いです。
牡蠣を一緒に炊き込んで大根牡蠣ごはんにしても。

材料（作りやすい分量）

大根　4cm（60g）
米　360㎖
水　390㎖
....
ヤンニョムジャン〈p.15〉　適宜

作り方

1　大根は1cmの角切りにする。
2　鍋に米、大根、水を入れて強火にかけ、沸騰したら蓋をして弱火で11分ほど炊いて火を止める。
3　10分ほど蒸らし、よくかき混ぜる。好みでヤンニョムジャンをかけてよく和えて食べる。

下準備

・米は研いで10分ほど水に浸し、
　ザルに上げて20分置く。

순두부찌개
赤いスンドゥブチゲ
>> p.28

하얀 순두부찌개
白いスンドゥブチゲ
» p.29

日々の汁物

赤いスンドゥブチゲ 순두부찌개

豚肉とあさりを入れることの多い、スンドゥブチゲですが、実は具は自由。
牡蠣を入れても、豚肉だけでも、卵を割り入れても美味しいです。

材料（2人分）

豚挽き肉　100g
あさり（砂抜きしたもの）　200g
絹豆腐　1丁（350g）
白菜キムチ（市販品。発酵の進んだ酸っぱいもの）　30g
長ねぎ（白い部分）　1/2本
アミの塩辛　大さじ1/2〜1
水　250ml
米油　大さじ2
A
　薄口醤油　大さじ1と1/2
　韓国唐辛子粉　大さじ1
　ラー油　大さじ1
....
五穀米ごはん〈p.16〉　適量

作り方

1　長ねぎは小口切りににし、白菜キムチは2cm幅に切る。
2　鍋に米油を引いて中火で長ねぎを炒める。しんなりしたら挽き肉を加え、半分ほど火が通ったらキムチを加えて炒める。
3　キムチが透き通ってきたらAを加えて炒める。分量の水を加えて中火にし、沸いたらアクを取る。
4　絹豆腐を手で4等分に崩しながら加え、アミの塩辛で味を調える。
5　あさりを加えて蓋をして貝の口が開くまで中弱火（弱火と中火の中間）で3分ほど煮る。

韓国食材

アミの塩辛
5月のもの、6月のもの、秋のもの、この3種類あります。5月のものは色がきれいで、大きさも立派。価格も高く、クッパや茹で肉などに添えることが多いです。6月のものはそのままおかずとして使うことが多く、秋のものは安くて味がいいのでキムチに使います。

白いスンドゥブチゲ 하얀 순두부찌개

アミの塩辛で塩気と旨みが増した白いスンドゥブチゲ、
ぜひやわらかい絹豆腐を使ってください。
あればおぼろ豆腐でもよいかと思います。

材料〈2人分〉

絹豆腐　1丁（350g）
アミの塩辛　小さじ1/2強
おろしにんにく　少々
煮干しだし〈p.08〉　400㎖
青唐辛子　適宜
....
煮干しの煮物〈p.12〉　適宜
玉ねぎの醤油漬け〈p.13〉　適宜

作り方

1　絹豆腐は1時間ほどザルに上げて水をきる。アミの塩辛はみじん切りにする。
2　鍋に煮干しだしを入れて沸かし、豆腐を食べやすい大きさに崩し入れ（A）、アミの塩辛とにんにくを加える（B）。蓋をして弱火で5分ほど煮る。
3　器によそい、好みで小口切りにした青唐辛子を添える。

日々の汁物

じゃがいもとツナのチゲ 참치 감자찌개

お店では食べることがあまりない、家庭の味の汁物です。
子どもが寝たあと、夫婦が晩酌をしながら楽しむ汁物でもあります。
さつま揚げを入れても美味しいです。

材料（2人分）

ツナ缶（オイル漬け）　1缶（70g）
じゃがいも（メークイン）
　2個（180g）
玉ねぎ　1/2個（120g）
煮干しだし〈p.08〉　450㎖
韓国唐辛子粉　大さじ1/2〜1
コチュジャン　大さじ1と1/2
薄口醤油　大さじ1/3

作り方

1　じゃがいもは大きめのひと口大に切り、玉ねぎは6等分のくし形切りにする。
2　ツナは油をきり、油は取り置く。
3　鍋にツナの油とじゃがいもを入れて中弱火（弱火と中火の中間）で炒める。じゃがいもの断面がやや透明になってきたら韓国唐辛子粉を加えてさっと炒め（A）、玉ねぎ、ツナ、煮干しだし、コチュジャンを加える。蓋をして弱火で5分ほど煮る。
4　薄口醤油を加えて味を調え、さらに3分ほど煮る。

A

麦ごはん 보리밥

夏になったら絶対食べたくなるのが、麦ごはん。
その時季の定番、間引き大根のキムチ、目玉焼き、コチュジャンがあれば、
最高に美味しい一食になります。

材料（作りやすい分量）

麦　大さじ2（30g）
米　360㎖
水　390㎖

下準備

・麦は洗って1時間ほど水に浸し、10分下茹でする。
・米は研いで10分ほど水に浸し、ザルに上げて20分置く。

作り方

1　鍋に下茹でした麦、米、水を入れて強火にかけ、沸騰したら蓋をして弱火で11分ほど炊いて火を止める。
2　15分ほど蒸らしてよくかき混ぜる。

韓国食材

コチュジャン

コチュジャンはなくてはならない韓国の調味料。韓国スーパーでもよく見かけると思います。ちなみに上が市販品で、下は私の自家製です。市販品は塩気がやや強いかなと思います。通常2〜3年熟成させてから使います。

身体を温める汁物

身体を温めるとは、内臓を温めること。
効能について多くの知識を持っている韓国人は多くないですが、
季節ごとに食べる料理などを大事にしている人は多いかと思います。

おからチゲ 비지찌개

韓国の豆腐専門店では、豆腐だけでなく、豆乳、豆の茹で汁まで売っています。
とろりとしたおからは腹持ちもよく、朝ごはんに最適です。

材料（2人分）

白菜キムチ（市販品。発酵の進んだ
酸っぱいもの） 130g
大豆（乾燥） 150g
大豆の茹で汁A 100㎖
えごま油 大さじ1
大豆の茹で汁B 250㎖
アミの塩辛 大さじ1/2強
塩 適量

下準備

・大豆は洗い、6時間以上水で戻して
おく。
・すでに茹でたものを使う場合は200g
使用する。

作り方

1 水で戻した大豆の薄皮を取り除く（A）。鍋に大豆と大豆が浸る程度の水を入れて沸かし、アクを取る。
2 蓋をして弱火で5分ほど茹でる。ザルに上げて茹で汁は取り置く。
3 茹でた大豆と茹で汁Aをミキサーに入れて滑らかになるまで撹拌する。
4 鍋にえごま油を引いて白菜キムチをしんなりするまで弱火で2〜3分炒め、茹で汁B、3の豆のペースト、アミの塩辛を加えて中弱火（弱火と中火の中間）で5〜7分煮る（B）。味を見て、塩で味を調える。

えごまの葉のサムパ 깻잎쌈밥

豚肉とも相性がよい、えごまの葉のサンパ。
韓国ではサムギョプサルを注文すると、えごまの葉とサムジャンがついてきます。
食欲がないときでも、ごはんが進む食べ方です。

材料（作りやすい分量）

えごまの葉 適量
大豆のサムジャン〈p.15〉 適量
白ごはん 適量

作り方

1 えごまの葉にごはんと大豆のサムジャンをのせて包んで食べる。

韓国食材

えごまの葉と韓国唐辛子

韓国で使われる唐辛子はチョンヤンコチュという韓国産の激辛青唐辛子。辛いものが大好きな韓国人ならではですが、青いほうは辛味が強いのでご用心。また赤い唐辛子は彩りで使うことが多いです。またえごまの葉を選ぶポイントは小さめで、葉の裏が紫色のもの。生で食べる際は特に若くてやわらかいのが美味しいです。

身体を温める汁物

牡蠣と大根の汁物　굴 무국

韓国というとお肉のイメージが強いですが、実は海鮮もよく使います。
寒くなると作りたくなる一品です。

材料（2人分）

牡蠣　150g

木綿豆腐　1/3丁（100g）

大根　6cm（100g）

わけぎ　1/2本

煮干しだし〈p.08〉　500ml
（または水）

A
| えごま油　大さじ1
| 塩　小さじ1

薄口醤油　大さじ1/2～1

塩　適量
‥‥‥‥‥‥

白ごはん　適量

好みの白菜キムチ（市販品）　適量

作り方

1　大根は縦4等分にして5mm幅に切る。わけぎは
　　1cm幅の斜め切りにし、木綿豆腐は2cmの角切
　　りにする。牡蠣は薄力粉大さじ1（分量外）で
　　やさしく洗い、水できれいに洗って水気をしっ
　　かりふく。

2　大根はAで和える。

3　鍋に2を入れて中火でさっと炒め、煮干しだし
　　を加える。沸いたらアクを取り、蓋をして弱火
　　で10～15分煮る。大根から甘いだしが出てき
　　たら牡蠣を加えて3分ほど煮る。

4　薄口醤油と塩で味を調え、豆腐を加えてひと煮
　　立ちしたら火を止めてわけぎを加える。

身体を温める汁物

チャンポン 짬뽕

麺を入れても、ごはんを入れても美味しいチャンポン。
飲み過ぎた次の日に食べたくなる滋味深い味わいです。

材料（2人分）

いか（下処理をしたもの）　1杯（200g）
海老　8尾（100g）
キャベツ　1/12個（100g）
玉ねぎ　1/4個（60g）
長ねぎ（白い部分）　1本
マッシュルーム　3個
おろしにんにく　少々
韓国唐辛子粉　大さじ2
煮干しだし〈p.08〉　600㎖
米油　大さじ2
A
　魚醤　大さじ1
　薄口醤油　大さじ1/2
　塩　適量
…………
白ごはん　適量
茄子の和え物〈p.12〉　適量

作り方

1　キャベツはひと口大の乱切りにし、玉ねぎは1cm幅の薄切りにする。長ねぎは5cm長さに切って縦半分に切り、マッシュルームは縦半分に切る。
2　いかは食べやすい大きさに切り、海老は背ワタを取る。
3　フライパンに米油を引いて中火で玉ねぎを炒める。透明になったらキャベツ、長ねぎ、マッシュルーム、にんにくを加えてさらに炒める。1分ほど炒めたら弱火にして韓国唐辛子粉を加えてさらに炒める。
4　煮干しだしとAを加えて沸いたらアクを取り、いかと海老を加えてさらにアクを取る。
5　蓋をして中火で2〜3分煮たら火を止め、味を見て、塩適量（分量外）で味を調える。

韓国食材

魚醤
魚醤をよく使う韓国ですが、私のおすすめは王信のもの。産卵期の鯛を使っているので、まろやかで旨みが強いのが特徴です。少し残った魚醤は刻んだ実山椒と合わせて冷蔵庫で2週間ほど置くと、香り豊かな魚醤になります。

身体を温める汁物

マンドゥグク 만두국
(水餃子の汁物)

マンドゥは福が入るといわれる金運料理。だから大きく作るのが特徴です。
お正月にはトック(餅の汁物)と一緒に煮ることもあります。

材料(2人分・餃子8〜10個)

タネ
  豚挽き肉　200g
  (または合い挽き肉)
  木綿豆腐　1/3丁(100g)
  もやし　100g
  にら　20g
  長ねぎ　1/3本
  胡麻油　大さじ1
  醤油　大さじ1/2
餃子の皮(大)　8〜10枚
コムタン(牛骨スープ)＊　400mℓ
水　200mℓ
塩　適量
黒胡椒　適量
長ねぎ(青い部分)　適量

＊市販品でも。p.86を参照して手作りしても。

下準備

- 木綿豆腐は重石をして2時間〜ひと晩、冷蔵庫の中で水気をきる。

作り方

1. タネを作る。水気をきった木綿豆腐はさらしなどの布にのせ、水気をしっかり絞る。もやしはさっと茹でて水気をきって同様に絞る。にらと長ねぎはみじん切りにする。
2. ボウルにタネの材料をすべて入れてよく捏ね、餃子の皮に8〜10等分にしたタネをのせる(A)。
3. 皮の縁に水をつけ、半分に折って縁を密着させる(B)。さらに両端に水をつけて前に寄せて重ねる(C)。
4. 鍋にコムタンと分量の水を入れて火にかける。沸いたら3の餃子を加え、蓋をして弱火で5〜7分煮る。塩と黒胡椒を加えて味を調える。
5. 器によそい、小口切りにした長ねぎを加えて火を止める。

韓国食材

コムタン(牛骨スープ)

本書では自家製コムタン(牛骨スープ)の作り方も紹介していますが、時間がないときは市販のものを使っても。やや塩気が強いので、水で薄めて好みの濃度にして使ってください。

身体を温める汁物

カムジャオンシミ 옹심이국
（じゃがいも団子の汁）

江原道（カンウォンド）の名物料理です。
じゃがいもの産地としても知られ、
さまざまなじゃがいも料理があります。
モチッとしたオンシミの食感が
たまりません。

材料（2人分）

じゃがいも（男爵）　250g
煮干しだし〈p.08〉　600ml
薄口醤油　小さじ1
塩　適量

作り方

1. じゃがいもは皮をむいてすりおろす。さらしなどの布を敷いたザルに上げ、じゃがいもの水気をしっかり絞る。
2. 絞った水分はボウルになどに入れ、触らずに10〜15分そのままにしておき、上に浮かんできた汁を捨て、下に沈んでいる白い澱粉を1のじゃがいもに加えて塩小さじ1/3を加えて全体をよく混ぜ（A）、小さなひと口大に丸める（B）。
3. 鍋に煮干しだしを入れて沸かし、2を加える。蓋をして中弱火（弱火と中火の中間）で10分ほど煮る。薄口醤油を加え、味を見て、塩で味を調える。

温飯 온반

北朝鮮の国民的な食べ物です。
ごはんの上にビンデット（緑豆のチヂミ）をのせ、だしをかけて食べます。
昔はラードでビンデットを焼き、肉を使わなくても満足感を得られる料理でした。

材料（3〜4人分）

鶏だし
- 手羽先　500ｇ
- 長ねぎ（青い部分）　1本
- にんにく　1かけ
- 水　800ml
- 塩　小さじ1/2

A
- 薄口醤油　小さじ1/2
- 塩　適量
- 黒胡椒　適量

ビンデット（緑豆のチヂミ）
- 緑豆（乾燥）　100ｇ
- もやし　50ｇ
- 水　50ml
- 塩　小さじ1/2強
- 米油　適量

椎茸　3個
錦糸卵〈p.54〉　適量
長ねぎ（青い部分）　適量
....
白ごはん　適量

下準備
・緑豆はきれいに洗い、たっぷりの水でひと晩戻す。

作り方

1. 鶏だしを取る。鍋に手羽先、長ねぎ、にんにく、分量の水を入れて火にかける。沸いたらアクを取り、蓋をして弱火で20分ほど煮る。火を止めて1時間ほど置く。ザルに上げて塩で鶏だしの味を調える。鶏肉は骨から肉をはがし、割いてAで下味をつける。
2. ビンデットを作る。戻した緑豆はザルに上げて水気をきり、ミキサーに分量の水とともに入れて滑らかになるまで撹拌する。
3. もやしは5分ほど茹でて水気をきり、しっかり絞って粗みじん切りする。
4. ボウルに2、3、塩を入れて混ぜる（A）。
5. フライパンに米油大さじ1を入れて弱火で熱し、4を大さじ1落として両面をカリッと焼く（B）。残りの生地も同様に焼く。
6. 椎茸は石づきを切り落としてさっと下茹でする。薄切りにし、水気をしっかり絞る。熱したフライパンに米油少々（分量外）を引いて椎茸を炒め、塩少々（分量外）で味を調える。
7. 器に白ごはん、ビンデット、鶏肉、椎茸、錦糸卵、長ねぎの小口切りをのせ、温めた鶏だしをかける。

特別な日の汁物

誕生日に食べられる汁物として有名なわかめの汁物ですが、
産後の肥立ちをよくするためにも食べられています。
本来牛肉を使うことが多いですが、干したムール貝やあさり、魚を使うことも。
わかめをとろりとするまでしっかり煮るのが韓国流です。

わかめの汁物　미역국

材料（2人分）

干しムール貝　30g
（または干しあさり）
わかめ（水で戻したもの）　100g
おろしにんにく　少々
水A　250ml
水B　150ml
酒　大さじ1
薄口醤油　大さじ1/2
魚醤　小さじ1/2
えごま油　大さじ1

下準備

・干しムール貝はきれいに洗い、水A に浸して2時間ほど戻し、戻し汁は 取り置く。

作り方

1　わかめは水で戻し、食べやすい大きさに切る。
2　鍋にえごま油を引いて中火でわかめと戻したムール貝を炒める（A）。1～2分炒めたらムール貝の戻し汁と水Bを加え（B）、強めの中火で沸かしてアクを取る。
3　酒を加え、蓋をして中弱火（弱火と中火の中間）で15分ほど煮る。薄口醤油、魚醤、にんにくを加えて味を調える。

韓国食材

乾燥わかめ

乾燥わかめは生のものよりも味が濃いとされています。韓国では莞島（ワンド）という島のものが高級品として知られています。韓国では、市場で乾燥状の巻いたわかめが売られています。春が旬、市場で見つけたらぜひ試してみてほしい韓国の特産品です。

干しムール貝

日本では見ることがない干しムール貝は、韓国から取り寄せをすることができます。生のムール貝では味わえない旨みが凝縮しています。

身体の熱を取る汁物

医食同源が根づいている韓国。体調が悪いときは、
まずは食、そして韓方、改善しなければ病院というのが一般的。
旬の食材にはその時季を乗り切る栄養が詰まっています。

夏野菜の汁物　여름국

トマト、ピーマン、茄子など、夏の旬野菜は日本と一緒。
食欲がないときは消化がよくなるようにやわらかくなるまで煮ます。

材料（2人分）

大根　6cm（100g）
韓国かぼちゃ　1/3本（80g）
トマト　2個
ピーマン　1個
干し椎茸　2個
水　200mℓ
薄口醤油　大さじ1/2強
テンジャン（韓国味噌）　小さじ1
塩　適量

下準備

・干し椎茸は水で2時間以上戻し、
　戻し汁は取り置く。

作り方

1　大根は縦4等分にして5mm幅に切り、韓国かぼちゃは1cmの角切りにする。トマトとピーマンは小さめの乱切りにし、戻した椎茸は石づきを切り落として1cm幅に切る。

2　鍋に干し椎茸の戻し汁300mℓと分量の水を入れて火にかける。沸いたら大根を加えて蓋をして弱火で10分ほど煮る。トマトと椎茸を加えてさらに5分ほど煮る（A）。

3　薄口醤油、テンジャン、塩で味を調え、かぼちゃとピーマンを加えてさっと煮る。

豆もやしごはん　콩나물밥

豆もやしごはんはみんな大好きな夏のごはん。
食欲をなくすと、このもやしごはんをよく作ります。
食欲を刺激するヤンニョムジャンもごはんのおともによく登場します。

材料（2人分）

豚挽き肉（または牛挽き肉）　50g
豆もやし　150g
米　360mℓ
水　390mℓ
....
ヤンニョムジャン〈p.15〉　適宜

下準備

・米は研いで10分ほど水に浸し、
　ザルに上げて20分置く。

作り方

1　鍋に米、挽き肉、豆もやしを入れ、水を加える（B）。

2　挽き肉と豆もやしをさっと混ぜて強火にかけ、沸騰したら蓋をして弱火で11分ほど炊いて火を止める。

3　10分ほど蒸らしてよくかき混ぜる（C）。

4　好みでヤンニョムジャンをかけてよく和えて食べる。

팥밥
小豆ごはん
≫ p.50

가지 냉국
茄子の冷や汁
≫ p.50

토마토 의이
トマトの冷や汁
≫ p.50

身体の熱を取る汁物

茄子の冷や汁　가지 냉국

とてもシンプルに作る茄子の冷や汁。
好みで酢をもう少し効かせたり、唐辛子粉で赤く仕上げてみてください。

材料（2人分）

茄子　大2本（250g）

A
薄口醤油　小さじ1/2
米酢　小さじ1/2
塩　少々

B
昆布だし〈p.08〉　500㎖
薄口醤油　小さじ1
塩　小さじ1
韓国唐辛子粉　適宜
米酢　適宜
青唐辛子　適宜

作り方

1　Bはボウルに入れて混ぜ、冷蔵庫でよく冷やす。好みで辛味と酸味が欲しいときは好みで韓国唐辛子粉と米酢を適宜加える。

2　茄子はヘタを切り落とし、皮をむいて水に10分ほどさらす。

3　蒸気の上がった蒸し器に入れ、7分ほど蒸す。ザルに上げて冷まし、水気を絞って縦に割き、ボウルに入れる。Aを加えて混ぜ、冷蔵庫でよく冷やす。

4　器に3と1をよそい、好みで小口切りにした青唐辛子のせる。

小豆ごはん　팥밥

むくみやすい夏の時季。利尿作用のある小豆はもってこいの食材。
赤い食材は縁起がよい食べ物とされ、悪いものが入ってこないとされています。

材料（作りやすい分量）

小豆　大さじ2強（35g）
米　180㎖
もち米　180㎖
塩　小さじ1
小豆の茹で汁　380㎖

下準備

・小豆はきれいに洗って鍋に入れ、水を加えて火にかけ、沸かす。その後茹でこぼし、再度鍋に水700㎖（分量外）、塩、下茹でした小豆を入れて火にかける。沸いたら中弱火（弱火と中火の中間）で40分茹で、そのまま冷ます。

・米ともち米は合わせて研いで20分ほど水に浸し、ザルに上げて20分置く。

作り方

1　鍋に米ともち米、小豆、茹で汁を入れて強火にかけ、沸騰したら蓋をして弱火で11分ほど炊いて火を止める。

2　15分ほど蒸らしてよくかき混ぜる。

トマトの冷や汁　토마토 의이

喉越しをよくするため、片栗粉でツルンとした食感に仕上げます。
アクセントにパッションフルーツの果肉を入れても美味。

材料（2人分）

完熟トマト　500g
きび砂糖　トマトの正味量の15%
片栗粉　小さじ1
水　小さじ2
塩　小さじ1/3
レモン果汁　適宜

作り方

1　トマトはヘタを取り、大きめの乱切りにする。ボウルにトマトを入れてきび砂糖をまぶし、そのまま溶けるまで置く。片栗粉は分量の水で溶く。

2　1を手で細かく潰してザルに上げて汁を漉す。

3　鍋に2の汁を入れて火にかけ、沸いたらアクを取る。

4　泡立て器で混ぜながら水溶き片栗粉を加える。ややとろみがついたら火を止めて塩で味を調える。

5　常温で冷まし、冷蔵庫でさらに冷やす。好みでレモン果汁をかける。

身体の熱を取る汁物

わかめときゅうりの冷や汁　오이 미역냉국

料理をする気も起きない猛暑の日にぴったりの汁物。
作り置きしておけば、氷と水でさっと割って食べられる心強い夏の相棒です。

材料（2人分）

わかめ（乾燥）　6g
きゅうり　1本（100g）
A
　米酢　大さじ4
　アガベシロップ（または水あめ、
　料理糖）　大さじ1と1/2
　薄口醤油　大さじ1/2
　塩　小さじ1/2〜1
水　適量
氷　適量
....
茄子の和え物〈p.12〉　適量

作り方

1　わかめは水で戻して水気を絞り、食べやすい大きさに切る。ボウルに入れてAを加えて混ぜ、下味をつける。
2　きゅうりはせん切りにする。
3　器にわかめときゅうり、水と氷を加えて好みの味にして食べる。

チュンムキンパ　충무김밥

船乗りの奥さんが用意するチュンムキンパ。
ベタベタしないようにシンプルにごはんだけを海苔で巻き、甘辛いいかの和え物を
おかずとして別に持たせます。いくらでもキンパが進む鉄板の相性です。

材料（2人分）

大根　6cm（100g）
いか（下処理をしたもの）
　1杯（正味200g）
白ごはん　適量
焼き海苔　適量
A
　韓国唐辛子粉　大さじ2
　コチュジャン　大さじ1
　米酢　大さじ1
　アガベシロップ（または水あめ、
　料理糖）　大さじ1
　薄口醤油　大さじ1
　胡麻油　大さじ1/2
B
　胡麻油　適量
　塩　適量

作り方

1　大根は縦4等分にして5mm幅に切り、塩少々（分量外）で和え、しんなりするまで置く。
2　いかは細かく格子状の切り目を入れ、食べやすい大きさに切る。鍋に湯を沸かし、いかをさっと下茹でしてザルに上げて水気をきる。
3　ボウルに2のいか、水気を絞った大根、Aを加えてよく和える（A）。
4　白ごはんにBを加えて下味をつけ、4等分に切った焼き海苔にのせて巻く（B）。
5　それぞれを器に盛る。

韓国食材

アガベシロップ

韓国では和え物でも混ぜやすい水あめや料理糖を使うことが多いです。水あめや料理糖はあっさりした甘みが特徴ですが、私はGI値が低いアガベシロップを使っています。

身体の熱を取る汁物

鶏肉と胡麻の冷や汁　임자수탕

宮崎県にも似た料理があります。ごはんを入れても、麺を入れても美味しいですが、今回は旬のさつまいもごはんを合わせました。錦糸卵はいつも私が作っている方法、手軽できれいに仕上がります。

材料（2人分）

鶏だし
　鶏胸肉　200g
　手羽先　500g
　長ねぎ（青い部分）　1本分
　にんにく　1かけ
　水　800㎖
　塩　小さじ1/2
　炒り胡麻（白）　20g
　塩　適量
　黒胡椒　適量
錦糸卵
　卵　2個
　米油　適量
椎茸　2個
きゅうり　1/2本（50g）

作り方

1　鶏だしを取る。鍋に鶏肉、手羽先、長ねぎ、にんにく、水を入れて火にかける。沸いたらアクを取り、蓋をして弱火で20分ほど煮る。火を止めて1時間ほど置き、ザルに上げて塩で鶏だしの味を調える。肉類は手で食べやすく割く。

2　ミキサーに鶏だし550㎖と炒り胡麻を入れて滑らかになるまで撹拌し、塩と黒胡椒で味を調えて冷蔵庫で冷やす。

3　椎茸は石づきを切り落とし薄切りにしてさっと茹で、水気を絞る。弱火で熱したフライパンに米油適量（分量外）を引いて炒め、塩少々（分量外）で味をつける。

4　きゅうりは薄い輪切りにして塩少々（分量外）で塩もみし、水気を絞る。

5　錦糸卵を作る。卵はボウルに割り入れ、よく溶きほぐす。フライパンに米油を薄く引き、卵液を大さじ1入れて焼き目がつかないように両面を焼く（A）。残りも同様に焼き、冷めたらせん切りにする。錦糸卵は保存容器に入れ、冷蔵庫で2〜3日保存可能（B）。

6　器に鶏肉を広げて盛り、椎茸、錦糸卵、きゅうりをのせて汁をかける。

A

B

さつまいもごはん　고구마밥

さつまいもは表面だけ火を通すと、甘みが増します。
塩や胡麻をふってもおいしいです。

材料（2人分）

さつまいも　小1本（70〜80g）
米　360㎖
水　390㎖

下準備

・米は研いで10分ほど水に浸し、ザルに上げて20分置く。

作り方

1　さつまいもは1cm幅に切り、15分ほど熱湯にさらす。

2　鍋に米、水気をきったさつまいも、水を入れて強火にかけ、沸騰したら蓋をして弱火で11分ほど炊いて火を止める。

3　10分ほど蒸らしてよくかき混ぜる。

身体の熱を取る汁物

どんぐりムックの冷や汁 묵사발

どんぐりムックは寒天のような不思議な食感と苦みのある食べ物。
汁物はもちろん、ヤンニョムジャンで和えても美味しいです。どんぐりのほか、
蕎麦、緑豆、とうもろこしなど、韓国にはいろんな種類のムックがあります。

材料（2人分）

どんぐりムック
 どんぐり粉　1カップ
 水　5カップ
 胡麻油　大さじ1
 塩　小さじ1
A
 胡麻油　小さじ1/2
 きび砂糖　小さじ1/3
B
 昆布だし〈p.08〉　400㎖
 塩　小さじ1/2
 米酢　小さじ1
 薄口醤油　小さじ1
白菜キムチ（市販品。発酵の進んだ酸っぱいもの）　50g
きゅうり　1/3本（30g）
焼き海苔　適宜

作り方

1　どんぐりムックを作る。鍋にどんぐり粉と分量の水を入れてダマがなくなるまでよく混ぜる（A）。中火にかけて混ぜ続け、かたまってきたら蓋をして弱火で10分ほど煮る。3分に一回ずつ蓋を開けて鍋底にくっつかないように混ぜるとよい。熱いムックが飛ぶことがあるので注意する。

2　10分ほど経ったら胡麻油と塩を加えてさっと混ぜ、火を止める。胡麻油（分量外）を保存容器の内側に薄く塗り、ムックを流し入れる（B/C）。熱いうちにラップを密着させて被せる。常温で冷まし、冷蔵庫に入れて3時間以上冷まし、食べる直前に好みの形に切る。

3　白菜キムチは1cm幅に切ってAで味をつける。きゅうりは5cm長さのせん切りにする。Bはボウルに入れて混ぜ、冷蔵庫で冷やす。

4　器にどんぐりムック、キムチ、きゅうりを盛り、Bの汁をかけ、好みで刻んだ焼き海苔を添える。

韓国食材

どんぐり粉

ムックはもちろん、ムックの原材料のどんぐり粉も韓国スーパーで売られています。販売されているムックは少しやわらかめですが、紹介しているレシピはややかための仕上がりにしています。

アレンジ「ムックの和え物」

食べやすい大きさに切ったどんぐりムックはせん切りにしたきゅうり、刻んだ焼き海苔をのせ、ヤンニョムジャン〈p.15〉をかけて食べても美味しいです。

茄子ごはん 가지밥

しっとり火が通った茄子、牛肉の甘い脂が染み込んだごはんは家族みんなが大好き。
食欲がないときでも栄養満点なこのごはんがあれば、夏も乗り切れます。

材料（2人分）

牛肉　100g
茄子　2本（200g）
長ねぎ　10cm
醤油　大さじ1
米　360㎖
水　390㎖
えごま油　大さじ1
....
ヤンニョムジャン〈p.15〉　適宜

下準備
・米は研いで10分ほど水に浸し、ザルに上げて20分置く。

作り方

1　茄子はヘタを切り落とし、縦半分に切って1cm幅の斜め切りにする。水に5分ほどさらし、水気をきる。長ねぎは小口切り、牛肉は2cm幅に切る。

2　熱したフライパンにえごま油を引いて中火で長ねぎを炒める。しんなりしたら牛肉を加え、さらに炒めたら茄子を加える。茄子がしんなりしたら醤油を加える。

3　鍋に米、2の順にのせて水を加えて強火にかけ、沸騰したら蓋をして弱火で11分ほど炊いて火を止める。

4　10分ほど蒸らしてよくかき混ぜる。

5　好みでヤンニョムジャンをかけてよく和えて食べる。

身体の熱を取る汁物

カムジャコンク（じゃがいもの豆汁）　감자 콩국

そうめんを入れたら、韓国の夏の風物詩でもあるコングクスに。
濃厚でとろりとした大豆の汁は熱った身体の熱を取ってくれます。

材料（2人分）

大豆（乾燥）　130g

水　360㎖

塩　適量

じゃがいも　1個

きゅうり　1/2本（50g）

…………

麦ごはん〈p.30〉　適量

下準備

・大豆はきれいに洗って6時間以上水で戻しておく。
・すでに茹でたものを使う場合は200g使用する。

作り方

1　水で戻した大豆の薄皮を取り除く。鍋に大豆、大豆が浸る程度の水（分量外）を加えて沸かし、アクを取る。

2　蓋をして弱火で5分ほど下茹でし、ザルに上げて水気をきる。

3　茹でた大豆と分量の水をミキサーに入れて滑らかになるまで撹拌する。

4　ボウルにザルを重ねてさらしなどの布を敷き、3を入れてしっかり絞る。

5　絞り汁に塩を加えて味を調えて冷蔵庫で冷やす。

6　じゃがいもときゅうりは皮をむいてスライサーなどで薄くスライスし、細めのせん切りにして水にさらす。

7　鍋に湯を沸かし、じゃがいもを加えて20秒ほど下茹でし、ザルに上げて洗う。水気をきり、きゅうりとともにボウルに入れて冷蔵庫で冷やす。

8　器に5をよそい、冷やしておいたじゃがいもときゅうりをのせる。

身体の熱を取る汁物

ムルフェ（刺身の汁物） 물회

漁師のファーストフードです。ときにはおやつ、二日酔いの朝にいただきます。
甘みのある甘海老はぜひ入れてください。
いか、鮑、ホヤ、鯛、鰤、サーモンなど、旬の魚介を合わせて作れます。

材料（2人分）

好みの魚（刺身用） 適量
甘海老（刺身用） 適量
キャベツ 50g
きゅうり 1/2本（50g）
氷 適宜
A
　梨 1個（正味200g）
　レモン果汁 1/4個分
　おろしにんにく 少々
　コチュジャン 大さじ1
　米酢 大さじ3と1/2
　塩 小さじ1
　アガベシロップ（または水あめ、
　料理糖） 大さじ1
　梅エキス 大さじ1
……………
白ごはん 適量

作り方

1 梨は皮をむいて芯と種を取り、ミキサーにかけて撹拌する。さらしなどの布で、果汁をしっかり絞る。
2 ボウルに1の果汁と残りのAを入れて混ぜ、冷蔵庫で冷やす。
3 キャベツときゅうりはせん切りにし、魚は食べやすい薄さの削ぎ切りにする。甘海老は殻をむき、背ワタを取る。
4 器にキャベツ、魚、甘海老、きゅうりを盛り、2の汁をかけて好みで氷を加える。

韓国食材

梅エキス
爽やかな甘みと香りを持つ梅シロップ、メシルチョン。日本でも作る梅シロップですが、韓国では6か月以上漬け込んだものがメシルチョンになります。デザートはもちろん、ソーダで割ってドリンクにしても美味しく、キムチ、コチュジャン作りなどでも使われます。

特別な日の汁物

夏を乗り切るスタミナ食の代表といえば、参鶏湯。
韓国では夏の初め、中旬、終わりと、3回楽しむのが習わしです。

参鶏湯　삼계탕

韓国では1人で半羽、1羽と食べますが、私は食べやすいように
骨を外して高麗人参もにんにくもなつめも潰してスープに混ぜ込みます。
そのほうが食べやすく、いろんな味をミックスして食べられるから。
ちなみに韓国では脂が乗っていて、味の濃い、歳のいった鶏がよいとされています。

≫ p.64

特別な日の汁物

参鶏湯 삼계탕

材料（3～4人分）

丸鶏＊　1羽（1.2～1.5kg）
もち米　1/2～2/3カップ
高麗人参（2～3年のもの）　2本
なつめ　2個
にんにく　2かけ
生姜（厚切り）　2枚
韓方
　｜オウギ　ひと握り
　｜トウキ、蓮の実　各適宜
クコの実　大さじ1
松の実　大さじ1
塩　小さじ1

＊2kg以内のものが調理しやすい。

下準備

- もち米を洗い、ザルに上げて水気をきる。
- 丸鶏は全体をよく洗う。特に中はきれいに洗い、ペーパータオルで血や汚れをふき取る。

作り方

1 にんにくは皮をむき、包丁の腹で叩いて軽く潰す。あれば韓方をティーバッグなどに入れる。
2 洗って水気をふいた丸鶏をまな板にのせ、キッチンバサミでぼんじりや余分な脂を切り落とす（A）。
3 丸鶏の中にもち米を入れ（B）、竹串などで口を閉じる（C）。
4 片方の足の付け根にキッチンバサミで穴をあけ（D）、もう片方の足を入れてクロスさせる（E）。こうすることで、よりもち米が出にくくなる。難しい場合はたこ糸で結んでもよい。
5 詰めたもち米に火が通るように腹を下にして大きめの土鍋や鍋に入れる。鶏肉が浸かる程度の水2～3ℓ（分量外）をたっぷり入れ、高麗人参、なつめ、にんにく、生姜、ティーバッグに入れた韓方を加えて強火にかける（F）。沸いたらアクを取り、蓋をして中火で20分、弱火で30分ほど煮る。
6 火傷に注意しながら鍋から中身をすべてバットなどに取り出し（G）、冷めるまで置く。
7 鶏肉は骨から身をはがしてほぐし、高麗人参、なつめ、にんにくは潰す。
8 7を鍋に戻し入れ（H）、クコの実、松の実を加え、塩で味を調え（I）、温めて直して器によそう。
9 好みで塩と黒胡椒（ともに分量外）をふって食べる。

〈参鶏湯で使う主な材料〉

にんにく、生姜だけでも十分に美味しく作ることできる参鶏湯ですが、高麗人参や韓方を加えると、より夏を乗り切れるスタミナ食になります。

1. オウギ
マメ科のキバナオウギやナイモウオウギの根を乾燥させたもの。利尿や強壮作用のほか、血圧を下げる効果があります。

2. 高麗人参
疲労回復、冷え性の改善に効果があります。乾燥のものはもちろん、生のものなども韓国スーパーで買うことができます。

3. なつめ
滋養強壮はもちろん、むくみの改善、胃腸の調子を整えます。

4. にんにく
ビタミンB1、B6が豊富なにんにくはスタミナアップに欠かせない食材。韓国では生のまま食べることも日常的です。

5. 生姜
代謝を高め、免疫力を高めてくれる生姜。韓国では料理はもちろん、お茶や伝統菓子でもよく使われる食材です。

6. 松の実
貧血の予防のほか、髪や肌の健康を保つ松の実。生姜同様、お茶や伝統菓子にもよく使われる、韓国では欠かせない食材です。

7. クコの実
疲労回復、目の疲れ、美肌や美白など、女性に嬉しい効能がたくさんあります。

身体を整える汁物

旬の食材やシンプルな調味料で作る汁物は、身体にやさしく染み込みます。
スタミナ不足、野菜不足、胃腸が疲れているときなど、
私がよく作る汁物を紹介します。

牛肉と大根の汁物　소고기 무국

夫からのリクエストの多い、月に2回は作る我が家の定番です。
牛肉でごちそう感があり、夜食として食べても胃に負担がありません。

材料（2人分）

牛肉（薄切り）　150g
大根　6～8cm（100～150g）
煮干しだし〈p.08〉　500㎖
薄口醤油　大さじ1/2
えごま油　大さじ1
塩　適量

作り方

1　大根は縦3等分にして5～7mm幅に切る。牛肉はペーパータオルで血をふき取り、食べやすい大きさに切る。
2　鍋にえごま油を引き、中火で牛肉を炒める。牛肉の色が変わったら薄口醤油を加えてさっと混ぜる。
3　大根を加えてさっと炒め、煮干しだしを加える(A)。
4　沸いたらアクを取り(B)、蓋をして弱火で15分ほど煮る。味を見て、塩で味を調える。

栄養ごはん　영양밥

ヘルシーな飲食店では必ず置いてある栄養ごはん。
栗のほか、かぼちゃやさつまいもを銀杏とともに炊き込みます。
好みで塩をふりながら食べても美味しいです。

材料（作りやすい分量）

栗　2個
銀杏　5～6粒
なつめ　1個
米　360㎖
水　390㎖

下準備

・米は研いで10分ほど水に浸し、ザルに上げて20分置く。

作り方

1　栗は15分ほど熱湯にさらす。
2　栗の皮と鬼皮をむき、半分に切る。銀杏は殻から取り出し、薄皮をむく。なつめは洗う。
3　鍋に米、栗、銀杏、なつめ、水を入れて強火にかけ、沸騰したら蓋をして弱火で11分ほど炊いて火を止める。
4　10分ほど蒸らし(C)、なつめを取り出す。種を取り除いてごはんに戻し入れ、よくかき混ぜる。

身体を整える汁物

えごま粉と里芋の汁　들깨토란탕

韓国のお盆、チュソクでよく作られる里芋の汁物です。
えごまの粉を使うのが特徴でやさしい味になり、風邪によいとされています。
好みで牛肉を入れても美味しいです。

材料（2人分）

里芋　140g
干し椎茸　20g
えごま粉　大さじ2
米粉　大さじ1
水　500ml
薄口醤油　大さじ1/2
塩　適量
米の研ぎ汁〈p.08〉　適量
....
ピーナッツの佃煮〈p.12〉　適量

下準備
・干し椎茸は分量の水で2時間〜ひと晩置いて戻し、戻し汁は取り置く。

作り方

1. 戻した椎茸は石づきを切り落とし、1cm幅に切る。
2. 里芋は皮をむき、米の研ぎ汁に30分ほど漬けてぬめりを取る（A）。
3. 2の里芋を食べやすい大きさに切る。
4. 鍋に干し椎茸の戻し汁を入れて火にかける。沸いたら里芋と椎茸を加えて蓋をして弱火で10〜15分煮る。
5. ボウルにえごま粉と米粉を入れ、4の汁を50〜100ml加える。よく溶き混ぜて鍋に戻し入れる（B/C）。
6. とろみがつくように全体を混ぜ、薄口醤油と塩で味を調える。

コンドゥレごはん　곤드레밥

太陽の香りをたっぷり吸い込んだ干し野菜は韓国でよく使われる食材。
朝鮮あざみ、コンドゥレは免疫力を上げ、血をきれいにするといわれています。
私も大好きで、たまに食べたくなる韓国の味です。

材料（作りやすい分量）

コンドゥレ*　25〜30g
米　360ml
水　390ml
薄口醤油　大さじ1
にんにく　少々
えごま油　大さじ1/2

＊朝鮮アザミの葉を干したもの

下準備
・コンドゥレは2時間ほど水で戻す。さらに熱湯で40分茹で、そのまま冷ます。
・米は研いで10分ほど水に浸し、ザルに上げて20分置く。

作り方

1. 茹でたコンドゥレの水気を絞り、食べやすい大きさに切る。
2. 1に薄口醤油、にんにくで下味をつける。フライパンにえごま油を引き、2分ほど弱火で炒める。
3. 鍋に米、2、水を入れ（D）、強火にかける。沸騰したら蓋をして弱火で11分ほど炊いて火を止める。
4. 15分ほど蒸らしてよくかき混ぜる。

身体を整える汁物

シレギ汁　시래기국

シレギとは大根などの葉を干したもの。食物繊維が豊富でカルシウムがたっぷり。
私は大根、かぶが出回る時季はベランダに干して手作りします。

材料（2人分）

シレギ*　30〜40g
煮干しだし〈p.08〉　600mℓ
テンジャン（韓国味噌）　小さじ2
薄口醤油　小さじ2
えごま粉　小さじ1/2
おろしにんにく　少々
えごま油　大さじ1

＊かぶまたは大根の葉を干したもの。

下準備

かぶや大根の葉はハンガーなどにかけ、1〜2週間天日で干し、シレギにする。半干しや生の葉でも作れるが、その場合は倍量の80gを用意する。干し上がったシレギは水で2時間ほど戻し、さらに熱湯で40分茹で、そのまま冷ます。半干しや生なら3分茹でる。

作り方

1　ボウルにテンジャン、薄口醤油、えごま粉、にんにくを入れて混ぜ、水気を絞って4〜5cm幅に切ったシレギを加えて和え、下味をつける（A）。
2　鍋にえごま油を引いて1を入れて中火でさっと炒める（B）。
3　煮干しだしを加えて沸いたらアクを取り、蓋をして弱火で30分ほど煮る。

ビビンパ　비빔밥

清州（チョンジュ）の名物、ビビンパ。本来法事に、ご先祖様にお供えしていた料理をごはんにのせて食べたものが始まりといわれています。しっかり混ぜてから食べるのが韓国流。混ぜたら、好みで目玉焼きをのせて少しずつ崩しながら食べるのがナレ流です。

材料（3〜4人分）

韓国かぼちゃ　1/4（70g）
きゅうり　1/2本（50g）
にんじん　1/3本（60g）
大根　7cm（130g）
豆もやし　100g
海苔の和え物〈p.13〉　適量
A
　コチュジャン　大さじ2
　テンジャン（韓国味噌）　大さじ1
　胡麻油　大さじ1
　アガベシロップ（または水あめ、
　料理糖）　大さじ1
B
　塩　少々
　胡麻油　少々
　おろしにんにく　少々
塩　適量
米油　適量
白ごはん　適量

作り方

1　Aは混ぜておく。韓国かぼちゃ、きゅうり、にんじん、大根はせん切りにしてそれぞれ塩少々でもむ。
2　1の野菜の水気をそれぞれ絞り、米油少々を引いたフライパンで1〜2分、弱火で炒める。
3　豆もやしは熱湯で3分ほど茹で、ザルに上げてそのまま冷ます。水気を絞り、Bで和える。
4　器に白ごはんを盛り、2、3、海苔の和え物をのせ、Aを添える。

韓国食材

シレギ

大根の葉はもちろん、さつまいもの茎や里芋の茎などがよく韓国では売られています。無駄なく使う、保存の意味もありますが、干すことで栄養価が高まり、旨みが増す、昔からの知恵。生と違う野菜の美味しさを発見することができます。

えごま粉

皮をむいたもの、むいていないもの、2種類のえごま粉があります。火を通すと美味しくなります。わかめの汁物はもちろん、ナムルやごぼうのきんぴらなどに入れても。

身体を整える汁物

干し鱈の汁物　북어국

ヘジャンク、酔い覚ましのスープといったらこのスープ。干し鱈はこのままでも美味しく、マヨネーズとコチュジャンを混ぜたものにつければ、定番の酒のつまみ。
豊富なアミノ酸が肝臓の機能を強めるので、二日酔い覚ましにも。

材料（2人分）

干し鱈　20g
卵　1個
木綿豆腐　1/2丁（150g）
わけぎ　1/2本
薄口醤油　大さじ1
煮干しだし〈p.08〉　500ml
（または水）
えごま油　大さじ1
塩　適量
黒胡椒　少々
....
コッチョリ〈p.14〉　適宜

作り方

1　干し鱈は水で10分戻してさっと洗い（A）、水気を絞る。
2　木綿豆腐は2cm角切り、わけぎは5mm幅の斜め切りにする。
3　鍋にえごま油を引いて弱火で干し鱈を炒める。香ばしい香りが立つまで炒めたら薄口醤油を加えてさっと炒め、煮干しだしを加える。沸いたらアクを取り、蓋をして中強火（弱火と中火の中間）で2分ほど沸かしながら乳化させる。沸くことで混ざり、乳化が進む。
4　ボウルに卵を割りほぐして溶き、わけぎを加えて混ぜる（B）。
5　3に回し入れ、蓋をして弱火で2分ほど煮る。味見をして塩で味を調え、黒胡椒をふる。

にらのジョンビョン　부추전병

ジョンビョンは本来小麦粉で作った餅生地のこと。これに炒めた具材をのせて巻いたものはスナック的存在です。キムチや春雨、大根の塩もみなとを一緒に炒めたり、江原道（カンウォンド）では名産の蕎麦粉で作ります。

材料（2人分）

具材
　豚挽き肉　80g
　木綿豆腐　1/4丁（80g）
　白菜キムチ（市販品。発酵の進んだ
　酸っぱいもの）　40g
　きび砂糖　小さじ1
　醤油　小さじ1/2
　塩　少々
　えごま油　大さじ1
生地
　にら　30g
　薄力粉　70g
　塩　小さじ1/2
　水　100ml
　えごま油　適量

下準備
・木綿豆腐は重石をして2時間～ひと晩、冷蔵庫の中で水気をきる。

作り方

1　具材を作る。白菜キムチは洗って水気をしっかり絞り、2cm幅に切る。
2　熱したフライパンにえごま油を引いて挽き肉を炒める。色が変わったらキムチを加え、さらに水気を絞った木綿豆腐を加える。水分を飛ばすように強めの弱火で豆腐を潰しながら炒める。
3　きび砂糖、醤油、塩を加えて全体を混ぜ、味見をして足りなければ塩適量（分量外）で味を調える。
4　生地を作る。にらは2cm幅に切る。ボウルに薄力粉、塩、水を入れてダマがなくなるまでよく混ぜ、にらを加える。
5　熱したフライパンにえごま油を引き、半量をお玉で入れ、薄くのばす。焼き目がつかないように両面を焼く（C）。残りのもう一枚も同様に焼く。
6　焼いた生地1枚に具材半量をのせ、海苔巻きのように巻く（D）。残りも同様に巻き、好みの大きさに切る。

韓国食材

干し鱈
韓国スーパーでも気軽に手に入る干し鱈。スープに入れるのがポピュラーですが、コチュジャンで和えても美味しい常備菜になります。

身体を整える汁物

あさり汁 조개탕

干し鱈の汁物同様、二日酔いにおすすめです。
ムール貝、帆立、鮑でもアレンジできます。

材料（2人分）

あさり（砂抜きしたもの）　150 g
酒　小さじ 1
水　600 mℓ
おろしにんにく　少々
韓国唐辛子（赤または青）　適量
小ねぎ　適量
塩　適量

作り方

1 韓国唐辛子は縦半分に切って種を取り、4 cm長さのせん切りにする。小ねぎも 4 cm幅に切る。

2 鍋にあさり、酒、分量の水を入れて火にかけ、沸いたらアクを取る。貝の口が開いて煮汁が白くなってきたら火を止めてあさりを一旦取り出す。

3 ボウルにザルを重ねてさらしなどの布を敷き、煮汁を漉す。

4 鍋をさっと洗い、煮汁を戻し入れ、にんにく、韓国唐辛子、小ねぎを加えて 1〜2 分煮る。味を見て、塩で味を調えて貝を戻し入れる。

キャベツの葉のサムパ 양배추 쌈밥

夏によく食べるサムパ。かぼちゃやふきの葉で作ることも。
キャベツにごはんとサムジャンをのせて、
ロールキャベツのように巻けば、お弁当にもなります。

材料（作りやすい分量）

キャベツの葉　3〜4枚
麦ごはん〈p.30〉　適量
大豆のサムジャン〈p.15〉　適量

作り方

1 キャベツの葉は蒸気の上がった蒸し器に入れ、5〜7分蒸す。ごはんを包みやすい大きさに切る。

2 蒸したキャベツに大豆のサムジャンと麦ごはんを添え、キャベツの葉で包んで食べる。

身体を整える汁物

しじみとにらの汁物 재첩국

しじみをたっぷり使った贅沢な汁物で、お店で食べることが多いです。
手間をかけてひとつずつ殻を外して洗い、漉した汁と合わせます。
体調を崩した方の滋養に飲んでいただきたい汁物です。

材料（2人分）

しじみ（砂抜きしたもの）　700g
水　600㎖
にら　40g
塩　適量
....
五穀米ごはん〈p.16〉　適量

作り方

1 鍋にしじみ半量と分量の水を入れて火にかける。沸いたらアクを取りながら、しじみの身が浮かんできたらすくい（A）、ボウルに取り置く。残りのしじみを加えてもう一回繰り返す。
2 ボウルにザルを重ねてさらしなどの布を敷き、煮汁を漉す。
3 しじみの殻に残っていた身もボウルにまとめ、洗って砂を取り除く。
4 鍋をさっと洗い、煮汁としじみの身を戻し入れ、再度火にかける。沸いたら2㎝幅に切ったにらを加えて火を止め、味を見て塩で味を調える。

白子とたらこの汁物　얼큰 곤이 알탕

風邪をひきやすい寒い冬にぴったり、白子と生のたらこを使った贅沢な汁物。
春菊の苦みと香りが美味しい一品です。

材料（2人分）

白子　50g
たらこ（生。または塩漬けのもの）
　大 2腹（60〜70g）
大根　6cm（100g）
春菊　2株（30g）
わけぎ　1/2本
煮干しだし〈p.08〉　450㎖
A
　薄口醤油　大さじ1
　韓国唐辛子粉　大さじ1/2
　酒　大さじ1/2
　おろしにんにく　少々
　おろし生姜　少々

作り方

1　大根は縦4等分にして5mm幅に切る。春菊は5cm幅に切り、わけぎは1cm幅の斜め切りにする。
2　白子とたらこはそれぞれ薄めの塩水（分量外）でやさしく洗う。白子はキッチンバサミなどで食べやすい大きさに切る。
3　Aはボウルに入れて混ぜる。
4　鍋に煮干しだしを入れて火にかける。沸いたら、大根を加えて弱火で10分ほど煮る。合わせたA、白子、たらこを加えて蓋をしてさらに5分ほど煮る。春菊とわけぎを加えてさっと火が通ったら火を止める。

鮑ごはん　전복밥

タウリン豊富な鮑は韓国でもよく登場する食材。
炊き込みごはんにするほか、鮑のお粥などは、
療養中の方のお見舞いに、差し入れすることも多いです。

材料（作りやすい分量）

鮑　2〜3個
米　360㎖
水　390㎖
酒　大さじ1
薄口醤油　大さじ1
胡麻油　大さじ1

下準備

・米は研いで10分ほど水に浸し、ザルに上げて20分置く。

作り方

1　鮑は塩をふって清潔なタワシでぬめりや汚れを落とす。流水で洗い流し、テーブルナイフを差し込み、貝柱を外す。キモの砂袋とかたい口を切り落とす。
2　キモは刻み、鮑の身は薄切りにする。
3　鍋に胡麻油を引いてキモを中火でさっと炒める（A）。米を加えてさっと炒め合わせ（B）、酒を加えて2〜3分炒める。
4　薄口醤油を加えて混ぜ、水を加えたら強火にし、沸いたら蓋をして弱火で10分ほど炊き、蓋を開けて鮑の身をのせる（C）。
5　さらに蓋をして3〜5分炊いたら火を止め、10〜15分蒸らしてよくかき混ぜる。

身体を整える汁物

あおさと牡蠣の汁物 아오사 굴국

あおさを使っていますが、韓国ではメセンイという
やわらかくぬめりのある海藻を使います。
カルシウムが豊富でダイエット食としても知られるほか、
二日酔いの解消にもよいといわれています。牡蠣と相性は抜群。
牡蠣専門店でも必ずといってよいほど、置いてあるメニューです。

材料（2人分）

牡蠣　120g
あおさ　50g
煮干しだし〈p.08〉　600㎖
薄口醬油　大さじ1
おろしにんにく　少々
胡麻油　小さじ1
…………
コンドゥレごはん〈p.68〉　適量
ヤンニョムジャン〈p.15〉　適量

作り方

1　あおさは洗い、水気を絞る。牡蠣は薄力粉大さじ1（分量外）でやさしく洗い、水できれいに洗って水気をしっかりふく。
2　鍋に煮干しだしを入れて火にかける。沸いたら、あおさを加えて蓋をして弱火で3分ほど煮る。
3　薄口醬油、にんにくで味を調えて牡蠣を加え（A）、蓋をしてさらに3分ほど煮る。火を止めて胡麻油をかける。

A

よもぎの肉団子汁　쑥애탕

韓国の宮廷料理にもある汁物です。卵液にくぐらせてから茹でるのは、
喉越しをよくするためとされています。消化がよく、体力が衰えているときにもおすすめです。

材料（2人分）

牛だし（作りやすい分量）
　牛バラ肉（塊）　500g
　長ねぎ　1本
　にんにく　1かけ
　生姜（厚切り）　2かけ
　水　1ℓ
よもぎ団子
　よもぎ（または春菊、パクチー、
　　セリなど）　10g
　合い挽き肉　150g
　醤油　小さじ1
　アガベシロップ（または水あめ、
　　料理糖）　小さじ1/2
　黒胡椒　少々
薄力粉　大さじ2
卵　1個
薄口醤油　大さじ1/2
塩　適量
……………
海苔の和え物〈p.13〉　適量

作り方

1　牛だしを取る。圧力鍋に牛肉、長ねぎ、にんにく、生姜、分量の水を入れて火にかける。圧がかかったら弱火にして15分ほど煮て、火を止める。
2　圧が落ちたら蓋を開けてザルに上げ、肉はラップでしっかり巻いて常温で冷ます。だしはボウルなどに入れて常温で冷ます。だしが常温になったら冷蔵庫に3時間〜ひと晩置いて冷ます。肉も同様に冷蔵庫で冷まし、薄切りにして冷麺の具にしたり、白菜などで包み、酢醤油やアミの塩辛をつけて食べても美味しい。
3　よもぎ団子を作る。よもぎは粗みじん切りにして残りの材料とともにボウルに入れてよく捏ねる。
4　ひと口大に丸め、バットなどに並べる。薄力粉をまぶす（A）。
5　牛だしは表面に浮いた白い脂を取り除く。鍋に500mℓを入れて沸かし、薄口醤油と塩で味を調える。よく溶きほぐした卵によもぎ団子をくぐらせて1個ずつ静かに鍋に落とす。残った卵液も回し入れ（B）、肉に火が通ったらでき上がり。

うなぎごはん　장어밥

スタミナ食のうなぎ。日本のようにお重に入ったものではなく、白焼き、コチュジャン
焼きなど、キロ単位でオーダーしてバーベキューのように焼いて食べることが多い韓国。
このごはんには木の芽をのせても美味しいと思います。

材料（作りやすい分量）

うなぎの白焼き　150〜200g
米　360mℓ
水　390mℓ
塩　小さじ1/2
錦糸卵〈p.54〉　適量
小ねぎ　適量
……………
ヤンニョムジャン〈p.15〉　適宜

下準備

・米は研いで10分ほど水に浸し、ザルに上げて20分置く。

作り方

1　うなぎの白焼きは縦半分に切って食べやすい大きさに切る（C）。
2　鍋に米、水、塩を入れて混ぜ、1をのせる（D）。強火にかけ、沸騰したら蓋をして弱火で11分ほど炊いて火を止める。
3　15分ほど蒸らしてよくかき混ぜる。
4　器によそい、錦糸卵と小口切りにした小ねぎをのせ、好みでヤンニョムジャンを添える。

사골국
自家製コムタン（牛骨スープ）
≫ p.86

순대국
スンデの汁物
>> p.87

身体を整える汁物

自家製コムタン（牛骨スープ） 사골국

体調が悪いときや、家を空けて遠出するお母さんが
家族のために作る汁物として知られています。
手のかかるものなので、数日分を大きな鍋で手作りします。
とろりとした濃厚な味は、ごはんやそうめんを入れても美味しいです。

材料（作りやすい分量）

牛骨　1.3 kg
水　1.5〜2ℓ
長ねぎ　適量
塩　適量
黒胡椒　適量

作り方

1　牛骨は熱湯に入れて5分ほど下茹でをしてザルに上げ、流水でアクなどを洗う。

2　鍋に1と分量の水を入れて強火にかける。沸いたらアクを取り、蓋をして中火で4時間ほど煮る。1時間後、蓋を開けて煮汁の量を確認し、最初の水の量になるように水を足してさらに煮る。再度1時間後に煮汁の量を確認して水を適宜足し、残りの2時間はもう蓋を開けないで煮て、火を止めてそのままひと晩冷ます。

3　冷えて上に白くかたまった脂を取り除き（A）、最初の水の量になるように水を加えて再び中火をかける（B）。沸いたらそのままの火加減で1時間ごとに蓋を開けて煮汁の量を確認して適宜水を足し、3時間煮る。煮汁が濁っていたらでき上がり。塩で味を調えて器によそい、小口切りにした長ねぎを入れ、黒胡椒をふる。

スンデの汁物　순대국

実は韓国でも好き嫌いがあるスンデ。
ホルモン好きの方はもちろん、
貧血気味の女性にもぜひ試してほしい一品です。

材料（2人分）

スンデ　500g
にら　30g
えごまの葉　10枚
コムタン（牛骨スープ）＊　500㎖
A
　韓国唐辛子粉　大さじ2
　えごま粉　大さじ1〜2
　魚醤　大さじ1
　おろしにんにく　少々
　コムタン（牛骨スープ）＊
　大さじ1
....
五穀米ごはん〈p.16〉　適量

＊市販品でも。p.86を参照して
　手作りしても。

作り方

1　スンデは脂が多いので、蒸気の上がった蒸し器に入れて3分ほど蒸して脂を落とし（A）、2㎝幅に切る（B）。
2　にらは4㎝幅に切り、えごまの葉は食べやすい大きさにちぎる。Aはボウルに入れて混ぜる。
3　鍋にコムタンを入れて火にかける。沸いたらAを加えてよく溶き混ぜる。スンデを加えてひと煮立ちしたら火を止め、にらとえごまの葉を加えて余熱で煮る（C）。
4　器によそい、好みでえごま粉（分量外）をふる。

韓国食材

スンデ
豚の腸に豚の血やもち米、春雨、香味野菜などを詰めて作られます。韓国ではお店や地域で味の違いはありますが、日本の韓国スーパーでも冷凍のものが売られています。食べる際は脂が多いので、蒸してから調理します。スープにしなくても蒸したものをぶつ切りにして塩と唐辛子粉を混ぜたものをつけて食べるのも絶品。

特別な日の汁物

トッは餅、クは汁の意味で、韓国の旧正月の汁物です。
鶏だし、煮干しだし、牛骨スープなどに魚介を入れたり、
具材はそれぞれの家庭で変わります。

トック（餅の汁物） 떡국

材料（3〜4人分）

鶏だし
- 手羽先　500g
- 長ねぎ（青い部分）　1本分
- にんにく　1かけ
- 水　800ml
- 塩　小さじ1/2

トック（韓国もち）　100〜150g
錦糸卵〈p.54〉　適量
焼き海苔　適量
糸唐辛子　適量

作り方

1　鶏だしを取る。鍋に手羽先、長ねぎ、にんにく、分量の水を入れて火にかける。沸いたらアクを取り、蓋をして弱火で20分ほど煮る。火を止めて1時間ほど置く。ザルに上げて塩で鶏だしの味を調える（A）。鶏肉は骨から身をはがして割く。
2　トックは水で戻して5分ほど置く。
3　鍋に鶏だしを入れて火にかける。沸いたらトックを加えて蓋をして弱火で3〜5分、トックがやわらかくなるまで煮る。
4　器によそい、割いた鶏肉、錦糸卵、小さくちぎった焼き海苔、糸唐辛子をのせる。

A

韓国食材

トック

うるち米で作られる韓国の餅、トック。粘りや伸びが少なく、歯切れがよいのが特徴です。ちなみに日本でも人気の棒状のトッポギは、うるち米または小麦粉で作られているものの2種類があり、韓国でも好みは分かれます。

みんなで囲む汁物（鍋）

ひとつの鍋をみんなで突つきながら食べる情景は、日本の風景と似ています。
仕上げに春雨を入れたり、焼き飯にしたり、
アレンジを楽しめる人気の鍋料理を紹介します。

タットリタン　닭매운탕

家庭でもよく作られるタットリタン。
じゃがいもを大きく切ることと、骨付きの鶏肉を使うことが美味しさのコツ。
2日目のほうが美味しいという意見も韓国ではあります。

材料（3～4人分）

鶏肉のぶつ切り（骨付き）　800g
じゃがいも（メークイン）　3個（300g）
にんじん　1/2本（100g）
玉ねぎ　小1個（200g）
水　700ml
長ねぎ　1本
たれ
　韓国唐辛子粉　大さじ4
　コチュジャン　大さじ3
　アガベシロップ（または水あめ、
　料理糖）　大さじ3
　醤油　大さじ3
　おろし玉ねぎ　1/3個分（80g）
　おろしにんにく　少々

作り方

1　じゃがいもは皮をむいて大きめのひと口大に切って水にさらす。にんじん、玉ねぎも大きめに切る。長ねぎは1cm幅の斜め切りにする。

2　鶏肉は水できれいに洗って水気をふき、皮に軽く切り目を入れる。たれはボウルに入れて混ぜる。

3　鍋に鶏肉、合わせたたれ、分量の水を入れる(A)。火にかけ、沸いてきたらアクを取り(B)、蓋をして中弱火（弱火と中火の中間）で10分ほど煮る。

4　じゃがいも、にんじん、玉ねぎを加え(C)、さらに10分煮たら、長ねぎを加えて2分ほど煮る。

みんなで囲む汁物（鍋）

ナッコプセ 낙곱새

(手長だことホルモンと海老のチゲ)

韓国の釜山（プサン）の名物鍋、ナッコプセ。たこのナッチ、ホルモンのコプチャン、海老のセウ、それぞれの頭文字を組み合わせた鍋料理です。
美味しい海のもの、山のものが集まった鍋は、ごはんが止まらない味わいです。

A

B

材料（3〜4人分）

ホルモン（好みの部位）	200g
手長だこ（またはいか）	300g
海老	16尾（200g）
キャベツ	1/8個（150g）
玉ねぎ	1/4個（60g）
長ねぎ	1/2本
韓国春雨	50〜100g
コマタン（牛骨スープ）*	250ml

A
- 水　600ml
- テンジャン（韓国味噌）　大さじ1
- 酒　大さじ1
- ローリエ　1枚

＊市販品でも。p.86を参照して手作りしても。

B
- 韓国唐辛子粉　大さじ3
- 醤油　大さじ2
- 魚醤　大さじ2
- アガベシロップ（または水あめ、料理糖）　大さじ1
- みりん　大さじ1
- テンジャン（韓国味噌）　大さじ1/2
- おろし玉ねぎ　1/8個分（30g）
- おろしにんにく　少々
- おろし生姜　少々
- 黒胡椒　少々

....

- 白ごはん　適量
- 胡麻油　適量
- 焼き海苔　適量

作り方

1. ホルモンは流水できれいに洗い、ザルに上げて水気をきる。
2. 鍋にAを入れて沸かし、ホルモンを加えて中弱火（弱火と中火の中間）で3分ほど煮て、ザルに上げて水気をきる。
3. キャベツと玉ねぎは2cmの角切りにし、長ねぎは2cm幅の輪切りにする。
4. Bはボウルに入れて混ぜる。春雨は30分ほど水で戻す。
5. 鍋にキャベツ、玉ねぎ、ホルモン、手長だこ、海老を盛り、Bをのせる（A）。
6. コマタンを注いで中火にかけ、沸いたらアクを取る。中強火で水分を飛ばすようにグツグツさせながら10分ほど煮る（B）。長ねぎと春雨を加えてさらに1分ほど煮てでき上がり。
7. 胡麻油をかけ、小さくちぎった焼き海苔をのせた白ごはんにのせて食べてもおいしい。

韓国食材

手長だこ

鍋で煮込んでもかたくならない、韓国の手長だこ。韓国スーパーでもオンラインでも購入することができます。カットされているものが鍋料理では使いやすいです。冷凍されているものは解凍してから使ってください。

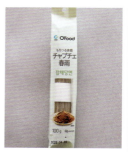

韓国春雨

韓国春雨（タンミョン）はさつまいもの澱粉で作られ、日本の緑豆春雨よりもコシが強く、煮崩れしにくくてモチモチした食感が特徴です。太さがあるので、使う前に水に浸してから使います。

みんなで囲む汁物（鍋）

チェンバン（牛肉鍋） 어복쟁반

祖父の故郷、北朝鮮の名物料理です。北朝鮮の名物冷麺を出すお店で食べることができます。
なかなか家では作らない料理ですが、祖父の思い出が詰まった家族の鍋です。
肉と麺を甘酸っぱいたれに食べる、味わい深い料理です。

材料（3～4人分）

牛だし
- 牛バラ肉（塊） 500g
- 長ねぎ 1本
- にんにく 1かけ
- 生姜（厚切り） 2枚
- 水 1ℓ
- 塩 適量

具材
- 白菜 100g
- 白きくらげ 10g
- 春菊 1株（20g）
- 梨 1/4個（50g）
- 茹で卵 1個
- 銀杏（あれば） 4粒
- そうめん（茹でたもの） 1束

たれ
- 小ねぎ 1本
- 青唐辛子 1本
- 薄口醤油 大さじ3
- 水 大さじ2
- アガベシロップ（または水あめ、料理糖） 大さじ1と1/2
- 米酢 大さじ1/2
- 黒胡椒 少々

作り方

1 牛だしを取る。牛肉は洗い、水気をふく。圧力鍋に牛肉、長ねぎ、にんにく、生姜、分量の水を入れて火にかける。圧がかかったら弱火にして15分ほど火にかけたら止める。

2 圧が落ちたら蓋を開けてザルに上げ、肉はラップでしっかり巻いて常温で冷ます。牛だしはボウルなどに入れて常温で冷ます。牛だしが常温になったら冷蔵庫に3時間～ひと晩置いて冷ます。肉も冷蔵庫で冷ます。

3 2の肉は5mm幅に切る。牛だしに脂が白くかたまっていたら取り除く。

4 鍋に牛だしを入れて火にかけ、塩で味を調える。

5 白きくらげは水で戻し、石づきを切り落とす。白菜は食べやすい大きさに切り、春菊は5cm幅に切る。梨は皮をむいて芯と種を取り、5cm長さの細切りにする。茹で卵は縦4等分に切る。あれば銀杏は殻から取り出し、薄皮をむく。

6 たれを作る。小ねぎと青唐辛子は薄く輪切りにし、ボウルに入れる。残りの材料を加えて混ぜる。

7 鍋に白菜を敷いて牛肉、春菊、梨、そうめんの順に並べ、これを繰り返す。真ん中に戻した白きくらげをのせ、茹で卵と銀杏を3～4か所に置き、鍋の端から温め直した牛だしを注ぎ、温めながらたれにつけて食べる。

キム・ナレ　Nare Kim

韓国・仁川（インチョン）出身の料理研究家。
日本の調理師専門学校で西洋料理を学ぶ。
現在は東京都内で韓国料理教室を主宰しながら、
かわいい盛りの3歳男児の子育て真っ最中。

Instagram：narekim
公式サイト：www.kimnare.com

元気をくれる、身体にやさしい
汁物とごはん
一汁一飯
いちじゅういっぱん
韓定食
かんていしょく

撮影	邑口京一郎
装幀	湯浅哲也（colonbooks）
挿画（表紙）	湯浅景子
スタイリング	西崎弥沙
料理アシスタント	上釜ちあき
編集	小池洋子（グラフィック社）

2025年2月25日　初版第1刷発行

著　者：キム・ナレ
発行者：津田淳子
発行所：株式会社グラフィック社
〒102-0073 東京都千代田区九段北1-14-17
　tel. 03-3263-4318（代表）　03-3263-4579（編集）
　https://www.graphicsha.co.jp
印刷・製本：TOPPANクロレ株式会社

定価はカバーに表示してあります。
乱丁・落丁本は、小社業務部宛にお送りください。小社送料負担にてお取り替え致します。
著作権法上、本書掲載の写真・図・文の無断転載・借用・複製は禁じられています。
本書のコピー、スキャン、デジタル化等の無断複製は著作権法上の例外を除き禁じられています。
本書を代行業者等の第三者に依頼してスキャンやデジタル化することは、
たとえ個人や家庭内での利用であっても著作権法上認められておりません。

© Nare Kim 2025 Printed in Japan
ISBN 978-4-7661-4033-0